DE

LA LÉGISLATION

SUR

LES BOISSONS

SON HISTOIRE, SON ÉTAT ACTUEL, SA RÉFORME;

PAR M. PH. MILLET,

Avocat à la Cour royale, conseil du comité du commerce des boissons.

Extrait de *la Revue Nouvelle.*

— Livraison du 1er juillet. —

PARIS.

IMPRIMÉ PAR PLON FRÈRES,
36, RUE DE VAUGIRARD.

1847

DE

LA LÉGISLATION

LES BOISSONS

SON HISTOIRE, SON ÉTAT ACTUEL, SA RÉFORME;

PAR M. PH. MILLET,

Avocat à la Cour royale, conseil du comité du commerce des boissons.

PARIS.

IMPRIMÉ PAR PLON FRÈRES,

36, RUE DE VAUGIRARD.

—

1847

DE

LA LÉGISLATION SUR LES BOISSONS.

—◦▷◦▷◁◦◁—

SON HISTOIRE, SON ÉTAT ACTUEL. SA RÉFORME.

———

L'ensemble des questions qui se rattachent à l'impôt perçu sur les vins et les alcools intéresse à plus d'un titre notre richesse nationale et notre économie politique. Les unes touchent à l'agriculture, soixante-six de nos départements se livrent plus ou moins à l'industrie viticole, les autres à nos relations commerciales avec l'étranger; d'autres enfin, et ce sont celles-là surtout que nous voulons examiner, peuvent être formulées ainsi :

De la nature et de l'efficacité des moyens employés pour arriver à la perception de cet impôt;

Des relations qu'ils font naître entre les agents de l'administration et les contribuables;

Des modifications législatives proposées aujourd'hui par les commerçants en boissons pour y porter remède, pour assurer au trésor la rentrée des droits qui lui sont dus et en répartir plus équitablement le payement entre les consommateurs.

Au point de vue fiscal seulement, ces questions ont une certaine importance. L'impôt sur les boissons est l'une des sources les plus considérables de nos revenus publics. Il figure au budget des recettes de 1848 pour une somme de 104,040,000 fr., dans laquelle est compris le droit sur les bières pour 11,123,000 fr.; les droits sur les vins et les alcools proprement dits s'élèvent donc à 92,917,000 fr. Comment et dans quelle proportion ces droits sont-ils acquittés par les différentes classes de consommateurs?

La loi sous les yeux, la répartition actuelle de l'impôt sur les vins peut s'exprimer en ces termes : Les consommateurs pauvres, ceux qui ne peuvent s'approvisionner de vin qu'au litre, sont ceux qui payent le plus ; le consommateur aisé, celui qui peut faire venir chez lui le vin en pièce, paye moins ; le propriétaire récoltant ne paye rien ; répartition inverse de celle décrétée par l'article 2 de la Charte, qui appelle les Français à contribuer indistinctement et *dans la proportion de leur fortune,* aux charges de l'État.

Mais, hâtons-nous de le dire, un pareil résultat fiscal n'a jamais été imaginé tout d'une pièce ni désiré par les législateurs qui nous l'ont légué. L'histoire des modifications dont les premières lois qui règlent cette matière ont été successivement l'objet peut seule en rendre compte.

L'origine de la législation qui régit la perception des droits sur les boissons se trouve dans la loi du 5 ventôse an XII :

Art. 49. Chaque année, il sera fait dans les six semaines qui suivront la récolte un inventaire pour constater les quantités de vin recueillies.

Art. 50. A cet effet, les caves, celliers et magasins seront ouverts pendant ce temps aux employés préposés audit inventaire.

Art. 51. La même mesure aura lieu pour les cidres et poirés dans les six semaines qui suivront la fabrication.

Art. 55. La quantité de vins, cidres et poirés ne sera inventoriée que sous la déduction de 10 p. 100 pour ouillage et coulage.

Art. 56. Il sera payé lors de la vente des vins un droit de 40 cent. par hectolitre, lors de la vente des cidres et poirés un droit de 16 cent. par hectolitre.

Art. 58. L'acheteur sera tenu du payement du droit, et le vendeur ne lui laissera enlever le vin, cidre ou poiré que sur la représentation de la quittance qu'il devra retenir par devers lui.

Art. 59. Faute par le vendeur de s'être fait remettre et de représenter ladite quittance au récolement d'inventaire qui sera fait à la fin de l'année, il sera responsable des droits pour tout le vin, cidre et poiré qu'il ne pourra représenter et dont il ne justifiera pas avoir acquitté le même droit.

Art. 60. Au récolement d'inventaire, s'il y a des quantités manquantes, il sera déduit par les employés 9 hectolitres de vin et 18 hectolitres de cidre par chaque famille de tout âge et de tout sexe, y compris les serviteurs à gages.

Art. 61. Le restant d'une année sera reporté à l'année suivante.

Rien de plus simple que ce mode de perception. La quantité de matière sujette aux droits est constatée au lieu même de la production. Le récoltant en doit compte au trésor public, mais à la fin de l'année seulement, lors du récolement d'inventaire qui a pour objet de reconnaître les quantités manquantes et celles dont la sortie a été régularisée par le payement du droit. Enfin ce droit est fixe et exigible seulement au moment où les boissons qui y sont soumises entrent dans le commerce ou la consommation, disposition qui confère et restreint au domaine du récoltant les bénéfices de l'entrepôt, et de laquelle résulte pour la marchandise une fois sortie de chez lui le droit de circuler librement et sans être l'objet d'aucune surveillance de la part du fisc.

Mais cet impôt égal et modéré pour tous ne répondait qu'imparfaitement aux besoins du trésor et à l'esprit de fiscalité qui commençait à animer l'administration renaissante et devait se développer avec elle. Au bout de deux ans les principes posés par la loi de ventôse recevaient une consécration nouvelle de la loi du 24 avril 1806, qui contenait en outre les dispositious suivantes :

Art. 25. Il sera perçu au profit du trésor public un droit égal au vingtième du prix de la vente à chaque vente et revente en gros des vins, cidres, poirés, bières, eaux-de-vie, esprits ou liqueurs composées d'eau-de-vie ou d'esprit.

Art. 26. Aucun enlèvement ni transport de boissons ne pourra être fait sans déclaration préalable de la part du propriétaire ou du vendeur ou de l'acheteur.

Art. 27. Les propriétaires qui voudront transporter pour leur compte des boissons ne seront tenus d'acquitter d'autres droits que ceux de passavant.

Puis les articles suivants créaient l'obligation de faire accompagner d'un congé les boissons vendues à un consommateur, soumettaient au timbre de 5 centimes les congés et les passavants, imposaient aux voituriers, bateliers et autres conducteurs de boissons l'obligation de représenter les expéditions à toute réquisition des employés. Enfin les débitants étaient assujettis au payement du dixième du prix de leurs ventes en détail, à la déclaration de toutes les quantités de boissons existant en leur possession, et à l'exercice auquel les marchands en gros étaient, aux termes de l'art. 31 de la même loi, soumis aussi dans leurs magasins. Quant au propriétaire récoltant qui vendait en détail des boissons, il n'était astreint à payer qu'un vingtième du prix de vente. Le droit de préemption était accordé aux employés des droits-réunis pour frapper les dissimulations de prix qui pourraient être tentées au préjudice du trésor, droit en vertu duquel ils pouvaient, moyennant le prix déclaré et un cinquième en sus, se porter eux-mêmes acquéreurs de la marchandise.

La même loi renfermait, sous la rubrique de *Dispositions générales,* la faculté pour les débitants de se racheter de l'exercice, en traitant de leur abonnement de gré à gré avec l'administration. Un article spécial défendait l'exercice dans la ville de Paris ; on redoutait déjà les résistances trop vives et trop facilement associées des nombreux débitants de la grande ville contre cette mesure.

Arrêtons-nous un instant à cette loi de 1806. Elle marque l'époque la plus importante de l'historique que nous traçons ici ; elle commence ce que les commerçants en boissons appelleraient l'ère d'asservissement de leur industrie. Les principes qui nous régissent aujourd'hui sont désormais posés ; aucune boisson spiritueuse, vin, alcool ou liqueur, cidre ou poiré, ne peut circuler sans expédition sur le territoire français en si petite quantité que ce soit. La cour de cassation a décidé que la régie pouvait astreindre, sous peine de saisie, de confiscation et de 100 francs d'amende, le consommateur qui vient acheter chez le débitant un litre de vin ou d'eau-de-vie, à se munir d'une expédition pour le transporter chez lui. C'est là un droit dont les employés du fisc usent rarement et seulement en vue de circonstances personnelles dont l'appréciation leur appartient tout entière, mais enfin c'est un droit qui leur est acquis.

Une taxe est levée sur toutes les transactions commerciales qui ont pour objet des boissons; elle est d'un vingtième du prix des ventes et reventes en gros, d'un dixième du prix de vente en détail. Les classes nécessiteuses ne supportent pas ainsi seulement le double des droits que payent les classes aisées; le vin ne pouvant arriver entre les mains du détaillant, excepté dans le cas exceptionnel où il est récoltant, qu'après avoir été l'objet d'au moins une première vente en gros, le vingtième du prix de cette vente est toujours supporté en définitive par celui qui achète au détail.

Enfin l'exercice est introduit chez le débitant et le marchand en gros. Chez celui-ci il se borne à des recensements périodiques de ses magasins, plus la marque et la démarque de ses fûts, à l'entrée et à la sortie, ce qui n'existe plus aujourd'hui. Chez le débitant, l'exercice est tout autre chose; c'est le droit conféré aux employés de la régie de pénétrer sans l'assistance d'aucun magistrat, à toute heure du jour et de la nuit, depuis l'ouverture jusqu'à la clôture du débit, et plusieurs fois par jour s'ils le jugent nécessaire, non pas seulement dans le domicile industriel, mais aussi dans le domicile de famille de l'assujetti, d'y pratiquer les perquisitions les plus rigoureuses, de fouiller tous les mystères de l'ameublement, des armoires, de l'alcôve, droit sans analogue dans notre législation fiscale et dont les besoins de l'état et l'immense autorité administrative du gouvernement impérial ont peine à expliquer aujourd'hui le premier établissement dans la France révolutionnaire.

Telle était la loi du 24 avril 1806, dont un décret du 5 mai suivant vint développer les dispositions en imposant l'acquit à caution au marchand en gros et au propriétaire expédiant des boissons pour leur compte à un commissionnaire ou à l'étranger. Ce décret énumérait en outre le détail des formalités de l'exercice chez le marchand en gros et le débitant, et assujettissait ce dernier à différentes obligations, notamment à celle de ne pas avoir chez lui de boissons dans des fûts d'une contenance moindre que l'hectolitre, de ne faire aucun remplissage sur les tonneaux, soit marqués, soit démarqués, sans y appeler les commis, et d'indiquer par une enseigne ou bouchon sa qualité de débitant.

Deux ans s'étaient à peine écoulés depuis la mise à exécution des loi et décret de 1806, qu'ils subissaient une modification importante, et il est remarquable de voir dans quel sens elle était opérée. La loi de 1804 (ventôse an XII) s'était bornée à prescrire l'inventaire chez le propriétaire récoltant, puis la perception, au moment de la vente, d'un droit minime. Celle de 1806 maintenait l'inventaire et le droit dont il était la base, mais créait deux taxes nouvelles d'un vingtième du prix des ventes en gros, d'un dixième pour les ventes en détail. La loi du 25 novembre 1808 vint exonérer le récoltant, améliorer la position du marchand en gros, et empirer celle du détaillant, ou, en d'autres termes, des consommateurs les plus malaisés. Il semble que l'on assiste à un travail de réaction contre-révolutionnaire. Le titre vi de cette loi renferme les articles qui suivent :

Art. 12. L'inventaire prescrit par les articles 49 et suivants de la première section du chapitre 2 de la loi du 5 ventôse an XII et le droit établi à la vente des vins, cidres et poirés par l'article 56 de la même loi sont abolis à dater du 1er janvier 1809.

Art. 13. Le droit à la vente et revente en gros des boissons créé par l'article 25 de la loi du 24 avril 1806 est pareillement supprimé à partir de la même époque.

Puis, en remplacement de ces deux taxes, l'article 15 crée un droit de mouvement ou de circulation auquel donne ouverture tout déplacement d'une quantité quelconque de vin, cidre, poiré, alcool ou liqueur, droit fondé sur une présomption de mutation de propriété, et dont est exempt, aux termes de l'article 16, le propriétaire qui fait transporter des boissons d'une de ses caves dans une autre cave à lui appartenant. L'article 18 établit une taxe payable à l'entrée des villes et bourgs de 2,000 âmes et au-dessus, et qui devra être perçue également sur les vendanges, fruits à cidre et à poiré dans la proportion de 2 hectolitres de vin pour 3 hectolitres de vendange, et de 2 hectolitres de cidre et poiré pour 5 hectolitres de pommes ou poires. Enfin l'article 21 élève de moitié le droit à percevoir sur les ventes en détail; il est porté de 10 à 15 cent. par fr.

Un décret rendu le 21 décembre 1808 vint, comme pour la loi de 1806, compléter par voie règlementaire ces dispositions législatives, conférant aux employés, contre les débitants, le droit de préemption primitivement institué contre les marchands en gros pour assurer la sincérité des déclarations de prix de vente, et dispensant les voyageurs de la formalité du congé lorsque leur provision de route n'excède pas trois bouteilles de vin.

Cette loi de 1808, faite à l'apogée de la puissance impériale et soumise pour la forme seulement à la sanction du corps législatif, appesantissait sur les contribuables le fardeau de l'impôt indirect des boissons. La suppression de l'inventaire chez le récoltant équivalait, il est vrai, à une immunité presque complète pour les habitants des campagnes viticoles. Mais les départements éloignés étaient atteints dans une denrée d'alimentation que l'énormité des droits venait rendre un objet de luxe; les villes étaient frappées dans leur consommation par le droit d'entrée, le commerce dans son activité par le droit de mouvement, la classe pauvre voyait élever de 10 à 15 pour 100 la taxe déjà fort exceptionnelle qu'elle payait sur les boissons achetées au détail. Les répugnances populaires pour les droits réunis devinrent extrêmes, presque proverbiales et se manifestèrent souvent d'une façon sanglante. Les fonctionnaires de l'empire qui ont habité les départements conquis par la France et annexés à son territoire assurent encore que l'existence des droits réunis formait le plus grand grief de leurs populations contre l'administration française.

Ce fut surtout à la chute de l'empire que ces sentiments éclatèrent. Au milieu de la désorganisation des services publics qui accompagne les révolutions, le peuple se souvint en France de deux choses, la conscription et les droits réunis; et tandis que dans les villes du midi il pendait le peu d'agents de cette administration qui lui tombaient sous la main, partout il se portait en foule au-devant

des Bourbons en criant : Plus de conscription! plus de droits
réunis! L'association dans sa pensée des deux lois de finances de
1806 et de 1808 avec cette loi de sang qui depuis 1805 jusqu'à
1813 avait envoyé aux armées 2,173,000 hommes témoignait assez
de la violence de sa haine.

Les Bourbons promirent ce qu'on leur demandait, et ils promirent sincèrement sous l'influence de cette confiance illimitée dans
l'avenir qui signale toujours les réconciliations sincères et l'avéne-
ment d'institutions nouvelles. L'article 12 de la charte de 1814 re-
nouvela la promesse de l'abolition de la conscription, et la loi de
1818, qui régla l'entretien de l'armée par un nouveau mode de
recrutement, diffère assurément d'une manière essentielle de la loi
portée vingt ans avant sur le rapport du général Jourdan, et qui
établit la conscription militaire. En fut-il de même de l'impôt sur
les boissons?

Les circonstances, il faut bien en convenir, se prêtaient moins
à la solution favorable de cette seconde question que de la première. Que l'armée ne fût plus sur le pied formidable de guerre
où elle avait été maintenue pendant vingt ans, la politique le permettait, l'Europe l'exigeait même pour sa sécurité, et sa volonté se
trouvait en cela parfaitement conforme au vœu national de la
France. Mais réduire les impôts et hasarder de nouveaux moyens
de perception lorsque le trésor était épuisé et les besoins de la
nouvelle royauté si nombreux, on n'y pouvait guère songer.

Le temps aussi manquait pour une semblable étude. Des em-
barras de gouvernement se présentaient sans cesse; la France offi-
cielle s'essayait au gouvernement représentatif, se regardait faire,
et les abstractions constitutionnelles faisaient oublier les réalités.
Rien de plus curieux que la lecture des débats de nos chambres
à cette époque. A côté de ces orateurs distingués, de ces esprits
éminents qui ont illustré les premières années de la restauration,
se produisent à la tribune des hobereaux parlementaires, qui, à
propos de tout, viennent faire la métaphysique de la prérogative
royale, et moduler les accents de leur amour pour Henri IV et sa
postérité. C'est à cette assemblée que, dans la séance du 24 sep-

tembre 1814, le baron Louis, ministre des finances, présentait un projet de loi qui reproduisait les dispositions des lois et décrets de 1806 et de 1808 à quelques changements près, consistant notamment à exonérer du droit d'entrée les dépendances rurales des lieux qui y étaient soumis, et du droit de mouvement les propriétaires, colons partiaires et fermiers, pour les boissons provenant de leur récolte, et tous expéditeurs pour celles transportées d'une de leurs caves dans une autre cave à eux appartenant. Il y avait encore une autre modification sur laquelle le ministre s'exprimait ainsi dans son exposé des motifs :

« La fixation du prix des boissons, chez les débitants, était livrée à l'arbitraire des employés ; joignez-y l'intérêt que tous les employés avaient à multiplier les poursuites pour faits de contravention, et l'impulsion donnée par des inspecteurs généraux et extraordinaires qui parcouraient dans tous les sens et sans cesse tous les départements pour exciter l'activité cupide des commis. et procurer à l'envi les uns des autres l'augmentation des produits, vous trouverez, Messieurs, dans ce concours d'aberrations, la raison suffisante de l'odieux accumulé sur la régie des droits réunis. »

Il était impossible de faire meilleur marché des agents de l'ancienne administration. Pour remède à ces maux, il était proposé que désormais le débitant déclarât lui-même ses prix de vente, sauf le recours de la régie, devant le maire et en dernier ressort devant le préfet du département statuant en conseil de préfecture. En outre, les employés n'auraient plus aucune part dans le produit des amendes et des confiscations. « Ils sauront, disait le ministre, que leur premier devoir est de ne rien ajouter à la sévérité des lois, et les abus les plus rigoureusement punis seront ceux qui se commettront au détriment des contribuables...

» Ce que la loi peut encore présenter d'onéreux ou de désagréable, disait-il en terminant, n'appartient à la volonté de personne. C'est le fruit de la nécessité. Bien que le projet apporte une diminution dans les charges de 30 millions au moins, le roi regrette vivement qu'on n'ait pu trouver aucun moyen de substitution qui satisfasse aux besoins de l'état sans aggraver la condition des contribuables. C'est pour ne pas renoncer entièrement à cette espérance que Sa Majesté ne propose qu'une loi temporaire. D'ici au 1er janvier 1816, temps auquel elle cesserait d'être en vigueur, de nouvelles recherches et une nouvelle discussion donneront peut-être d'autres moyens de procurer d'autres allégements ou de découvrir des combinaisons plus heureuses. »

Malgré l'urgence des besoins de l'état et ces réserves faites pour un avenir aussi prochain, le projet du gouvernement rencontra dans la chambre des députés une vive contradiction. M. Raynouard, député du Var, après avoir qualifié l'impôt sur les boissons d'immoral, d'injuste, de vexatoire parce qu'il provoquait entre une classe de citoyens et les employés du fisc une lutte scandaleuse de ruses, de mensonges et de manœuvres faites pour se tromper les uns les autres, et qu'indépendamment des moyens d'action qu'il donnait à l'une des parties, il l'armait contre l'autre d'un procès-verbal faisant foi en justice jusqu'à inscription de faux :

« Et cependant, s'écriait-il, on vous propose le maintien de ces moyens et de ces formes, qui dégraderaient enfin le caractère national, les sentiments d'un peuple distingué par sa franchise et par sa loyauté. Et dans quel temps, lorsqu'on dit de toutes parts, lorsque le gouvernement proclame qu'il est urgent de rétablir dans toutes les classes de citoyens et la morale publique et les principes religieux ? On invoque, Messieurs, la loi de la nécessité, et je l'invoque à mon tour. Sous le gouvernement paternel de Louis-le-Désiré, je ne reconnais et vous ne reconnaissez vous-mêmes qu'une nécessité, celle d'être justes. »

À la place de cet impôt, M. Raynouard en proposait un qu'il formulait ainsi :

« Les départements, arrondissements, villes et bourgs qui réclameront l'abonnement y seront admis par le gouvernement à la charge de pourvoir à la perception de leur contingent par un impôt facultatif sur les boissons ou par tout autre impôt facultatif indirect qui sera soumis à l'approbation provisoire du gouvernement et ensuite à l'approbation définitive de la puissance législative. »

Cette doctrine, qui laissait aux départements la faculté de déterminer eux-mêmes la « nature des droits qu'ils offriraient à la patrie, » trouva dans la chambre un assez grand nombre d'adhérents, ou plutôt rallia la majeure partie des opinions antipathiques aux droits réunis. Car l'impôt facultatif en lui-même n'était pas assez mûrement étudié comme moyen de perception pour remplir avec succès la lacune qui fût résultée du rejet par la chambre du projet du gouvernement sur les boissons. Il avait en outre le vice radical que vint signaler à la tribune le directeur général des contributions indirectes de compromettre l'unité nationale et représentative, si nécessaire dans la répartition des charges de l'état. A cette considération véritablement sérieuse ce fonctionnaire en ajoutait une autre faite pour rassurer la chambre et qui peint bien les illusions du premier âge :

« Le système représentatif, dit-il, s'opposera aux abus de l'exercice : la régie sera sous la surveillance des députés des départements. Il ne faut donc pas juger cette institution d'après le passé qui n'existe plus. »

Est-ce cette rêverie qui détermina le vote de la chambre, ou serait-ce plutôt l'observation faite par M. Lainé, son président, qu'en limitant la durée de la loi, elle se réservait la faculté de revenir sur cette matière, si quelques-uns de ses membres ou le gouvernement lui-même trouvaient un meilleur moyen de subvenir aux besoins de l'état? Toujours est-il que, sauf quelques amendements insignifiants, le projet du gouvernement fut adopté par la chambre, l'exécution de la loi votée fixée au 1er janvier 1815 et limitée au 1er janvier 1816 (art. 148).

Cette loi reçut son nom du 8 décembre 1814, date de sa promulgation. Elle reproduisait, avons-nous dit, les lois et décrets antérieurs à cela près des modifications que nous avons indiquées et de quelques autres encore, comme celle qui dispensait les marchands en gros de la marque et de la démarque de leurs fûts, et qui portait à 25 pour cent la remise accordée au propriétaire vendant en détail les vins de sa récolte. Sa destinée fut singulière. Née de l'empire et adoptée par la première restauration, elle partagea les malheurs de cette dernière, elle eut aussi ses Cent-Jours ; et nous omettrions de parler de ces faits, qui n'ont laissé aucune trace dans la législation actuelle sur les boissons, si nous n'y trouvions une preuve frappante de l'importance qu'avait acquise déjà la question vinicole et de l'influence qu'on lui attribuait sur les sympathies populaires.

Le 8 avril 1815, trois mois après la mise à exécution de la loi du 8 décembre 1814, le gouvernement impérial des Cent-Jours publiait un décret ainsi conçu :

« Napoléon, etc.,

» Considérant que le droit de mouvement et le régime des exercices pour la perception des droits sur les boissons excitent des plaintes qui ne permettent pas d'ajourner les mesures à prendre pour en affranchir les propriétaires, le commerce et les redevables ; qu'en même temps il importe que cette branche importante de revenu soit assurée par un mode de remplacement propre à préserver le trésor d'une réduction de moyens qui compromettrait le service public :

» Par ces motifs et attendu l'urgence,

» Sur le rapport de notre ministre des finances, notre conseil d'État entendu,

» Nous avons décrété et décrétons ce qui suit :

» Art. 1er. A partir du 1er juin prochain, le droit de circulation sur les boissons et le droit de consommation générale sur l'eau-de-vie seront supprimés.

» En conséquence, les expéditeurs ou conducteurs seront affranchis de l'obligation de se munir de congés, passavants, acquits à caution ou autres expéditions quelconques pour le transport des boissons.

» Art. 2. A dater de la même époque, les exercices à domicile et toutes autres formalités auxquelles sont actuellement soumis les débitants, brasseurs, distillateurs, marchands en gros, courtiers, facteurs, commissionnaires et tous autres faisant un commerce quelconque de boissons seront également supprimés.

» Art. 3. Les droits d'entrée sur les boissons, au profit du trésor, cesseront au 1er juin prochain d'être perçus dans les lieux dont la population est au-dessous de 4,000 âmes. Ils continueront à l'être dans les villes et bourgs d'une population agglomérée de 4,000 âmes et au-dessus conformément au tarif ci-annexé.

» Art. 7. Les droits à la vente en détail des boissons et ceux à la fa-

brique des bières seront remplacés à l'avenir au moyen d'une répartition entre les débitants et les brasseurs. Le montant des droits acquittés
en 1812 dans chaque département, sous la déduction d'un dixième pour
frais de régie, servira de base à cette répartition.

» Art. 13. Nul ne pourra, à compter du 1er juin prochain, vendre en
détail des boissons ou fabriquer des bières s'il n'a préalablement fait sa
déclaration à la mairie et obtenu une licence dont le prix sera payé conformément au tarif ci-annexé. Le prix sera acquitté à l'avance par quart
et exigible tant que le redevable continuera son commerce. Les licences
seront renouvelées chaque année.

» Art. 17. Les employés des contributions indirectes qui ne pourront
être maintenus en fonctions par l'effet du présent décret obtiendront des
pensions de retraite qui seront liquidées conformément aux règlements
antérieurs au 1er avril 1814. Ceux des employés supprimés par la même
cause qui aux termes des règlements sur les retraites n'auront pas droit
à une pension recevront une somme proportionnée à leurs services et à
leur position domestique. Cette somme ne pourra être moindre de la
moitié d'une année de leur traitement d'activité.

» Art. 18. Les employés réformés seront appelés de préférence à tous
autres à remplir les emplois vacants et dans ce cas les pensions qui leur
auront été accordées seront suspendues. »

Le remède était héroïque ; le besoin de popularité faisait oublier
la mesure et la circonspection qui même sous un gouvernement
libre doivent toujours présider à des réformes de cette importance. De retour de Gand, Louis XVIII se piqua d'honneur, et le
29 juillet 1815 parut une ordonnance royale ainsi conçue :

« Louis, etc.

» Nous étant fait rendre compte de l'état de la perception des droits
sur les boissons établie par une loi du 8 décembre 1814, nous avons
reconnu que, pendant notre absence et en vertu d'un acte du 8 avril
dernier dont le caractère est essentiellement illégal, il a été fait des
changements qui ont eu pour effet de dénaturer l'organisation de la régie des contributions indirectes, de soustraire la matière imposable à la
connaissance de ses agents et conséquemment de détruire les éléments
de la perception, ce qui rend impossible le retour immédiat à l'exécution
régulière de la loi ;

» Voulant néanmoins adoucir, autant qu'il peut dépendre de nous, ce
que le régime substitué à celui de la loi du 8 décembre a de trop oné-

reux pour les redevables, et conserver en même temps à l'État une branche importante de revenus en attendant que les chambres aient pu statuer sur un mode d'impositions indirectes approprié aux ressources de la France, à sa situation et aux besoins du trésor ;

» Sur le rapport de notre ministre secrétaire d'état des finances, nous avons ordonné et ordonnons ce qui suit :

» Art. 1er. Les changements apportés par l'acte du 8 avril dernier à la perception des droits sur les boissons sont provisoirement maintenus.

» Art. 2. Néanmoins, et en vertu de l'article 73 de la loi du 8 décembre 1814, la régie est autorisée, pour le quatrième trimestre de 1815, à réduire en faveur des redevables d'une commune la somme à répartir d'après l'article 7 du susdit acte toutes les fois qu'il sera reconnu que ces redevables seraient imposés au delà de l'importance de leur commerce si l'on prenait pour base unique les produits de 1812.

» Notre ministre est chargé » etc.

Le pouvoir impérial et le pouvoir royal se disputant ainsi les bonnes grâces des commerçants en boissons, le spectacle était nouveau et l'hommage rendu à l'industrie vinicole éclatant. Les neuf derniers mois de l'année 1815 furent ses Saturnales. Les suites y répondirent-elles? La seconde restauration réalisa-t-elle les promesses de la première, promesses implicitement renouvelées par la chambre dans le dernier article de la loi du 8 décembre 1814?

Si l'on se reporte par la pensée à la désastreuse époque de la seconde invasion, si l'on considère les engagements pris alors par la France envers l'étranger et envers elle-même, l'épuisement de ses ressources, l'étendue de ses besoins et la nécessité d'y pourvoir, on comprendra aisément que le moment fût plus inopportun encore qu'en 1814 pour opérer la réforme demandée. Comment y procéder en effet? En modifiant le mode de perception? Mais les circonstances ne se prêtaient pas à une expérimentation fiscale. Fallait-il affranchir les boissons? Cette pensée ne pouvait venir à personne au moment où la France entière ne songeait qu'à s'imposer de nouveaux sacrifices. Le meilleur enseignement sur l'état des esprits, à cette époque de grands besoins financiers, ressort des débats parlementaires de la session de 1816.

Le directeur général des contributions indirectes, en déposant sur le bureau de la chambre des députés le projet de loi relatif aux différents services de son administration, prononçait ces pénibles paroles :

« L'administration n'a eu à résoudre que ce triste problème : Retirer le plus possible de tous les impôts et atteindre de tous côtés la limite des charges que peut supporter le contribuable. — Nous avons été condamnés à une cruelle fiscalité, et ce sont des tributs non des impôts que nous avons la douleur de proposer. »

Le 11 mars, M. Feuillant, rapporteur de la commission chargée de l'examen de ce projet de loi, disait à la chambre, après lui avoir rappelé cet aveu sorti de la bouche du directeur général :

« Votre commission, investie du droit d'examiner toutes ces contributions indirectes, n'a pas eu de devoir plus pénible à remplir que celui que cet examen lui imposait ; elle a été effrayée de la *cruelle fiscalité* à laquelle les sujets du roi allaient être condamnés ; elle a considéré toutes les conséquences désastreuses pour le commerce qui résulteraient notamment de l'adoption des droits nouveaux. »

Ces dernières paroles prouvent que M. Feuillant, en s'exprimant ainsi, avait surtout en vue six nouveaux droits dont l'administration proposait la création sur les fers ouvrés, les papiers, les huiles, les tissus, les cuirs et le transport des marchandises, droits qui devaient être perçus au moyen de l'exercice dans les fabriques ; ils furent heureusement, sur la proposition de la commission elle-même, repoussés par la chambre. Mais comment, en présence des nécessités financières qui avaient pu dicter au gouvernement une pareille proposition, venir demander la suppression de l'exercice sur les boissons, qui avait, pour être maintenu, le motif de son existence même antérieure aux grands besoins de l'état !

M. Feuillant faisait la part des circonstances lorsqu'il disait à la chambre :

« Votre commission a pensé avec M. le ministre des finances que la chose la plus essentielle pour l'état était d'assurer le service de 1816 par des moyens sûrs, efficaces, par des rentrées certaines et à l'abri de toutes chances, afin de se donner le temps et la sécurité nécessaires pour asseoir, à compter du budget prochain, un bon système général d'impôts, et un mode de perception et de répartition mieux combiné qui ne laisse aucune inquiétude sur les moyens de faire face aux dépenses sans écraser le contribuable. »

Puis il ajoutait à propos de la loi sur les boissons :

« ..... De nombreuses réclamations nous ont été adressées contre l'exercice. Votre commission ne s'est pas dissimulée que ces plaintes étaient fondées et légitimes. Mais la force des événements n'ayant pas permis aux ministres de Sa Majesté de vous présenter le budget en octobre de l'année dernière, nous n'avons plus trois mois devant nous pour faire des dispositions au moyen desquelles l'exercice pourrait être modifié dans ce qu'il présente de trop rigoureux ou remplacé par un meilleur mode d'abonnement. »

Ce langage, qui n'indiquait qu'un ajournement des réformes promises à la session suivante, et qui demandait une sorte de vote provisoire au nom des besoins publics dont tous les esprits étaient préoccupés, devait entraîner l'adoption de la loi de 1816 comme il avait déterminé celle de la loi de 1814. Ces deux lois du reste étaient, à peu de changements près, la reproduction l'une de l'autre, et à ce point que plusieurs députés, pour épargner les moments de la chambre, demandèrent à couper court à la discussion en consacrant purement et simplement la loi de 1816 par un vote nouveau.

« Je sais tout ce qu'on peut dire contre les exercices, disait, dans la séance du 3 avril, M. le baron Pasquier ; mais je sais aussi que sans exercices, il n'y a pas de droits, pas de recettes, il n'y a pas de contributions indirectes, et, s'il y en a, elles deviennent directes et ne retombent pas sur le consommateur. L'exercice a été aboli par l'usurpateur, il a fallu un effort de raison pour que le roi le rétablît, vous y avez donné votre assentiment.... Maintenons la loi du 8 décembre, écartons les amendements introduits par le roi. »

Ce procédé, s'il eût été agréé, ne se fût peut-être pas trouvé parfaitement conforme aux usages constitutionnels, la chambre ne pouvant ainsi, sans être saisie d'une proposition régulière, substi-

tuer par un simple vote une loi de finance dont la force exécutoire
était périmée au projet de loi présenté par le gouvernement. Le
commerce des boissons, du reste, n'eût fait qu'y gagner. La loi de
1816 empirait plutôt qu'elle n'améliorait sa condition. Elle substi-
tuait, il est vrai, à l'abonnement de gré à gré qui laissait le débitant à la discrétion de la régie, l'abonnement avec voie de recours,
en cas de dissentiment, au conseil de préfecture d'abord, et en
dernier ressort au conseil d'état. Mais quelles garanties offrent
aux débitants ces procédures souvent lointaines et toujours dispen-
dieuses lorsqu'il s'agit de fixer le chiffre de leur abonnement pour
une année seulement! Elle permettait en outre les abonnements
généraux par commune et ceux par corporation, ces derniers se
faisant au moyen d'une répartition entre les débitants dont l'idée
était empruntée au décret du 8 avril 1815. Mais quels avantages
présentaient ces abonnements, qui nécessitaient une délibération
préalable des conseils municipaux, une notification par le maire à
la régie, l'autorisation du ministre des finances *sur le rapport du
directeur général des contributions indirectes;* et en cas de dés-
accord avec la régie, un recours devant les deux degrés de la juri-
diction administrative : et cela pour une année seulement! Le
législateur a soin de limiter à ce terme la durée de chacune des
concessions accordées. Tous ceux qui connaissent le prix que la
régie a attaché de tout temps à conserver à son nombreux personnel l'omnipotence de l'exercice, prévoyaient déjà l'inutilité de cette
faculté d'affranchissement dont l'usage était subordonné à son bon
plaisir. Les faits ne tardèrent pas à leur donner raison.

Les innovations onéreuses de la loi de 1816 étaient d'une application plus certaine. Cette loi rétablissait le droit à l'entrée des
villes et bourgs de 2,000 âmes et portait le chiffre de ce droit,
ainsi que celui de la taxe unique perçue à l'entrée de Paris, fort
au-dessus des tarifs de 1814. En outre l'article 119 de la loi de cette
dernière année n'assujettissait à se munir d'une licence de 10 fr.
par an que les brasseurs, distillateurs bouilleurs de crû ou de pro-
fession. L'article 144 de la loi de 1816 étend la licence à toute personne faisant un commerce quelconque de boissons. Le droit en

est fixé à 6, 8, 10, 12 et jusqu'à 20 fr. pour les débitants, proportionnellement à la population des communes qn'ils habitent. Il
est de 50 fr. pour les marchands en gros. Telles sont les origines
de cette taxe de licence qui n'est qu'une variante de la patente,
qui n'en dispense pas d'ailleurs les commerçant en boissons et qui
a tous les caractères d'un impôt direct, à cela près qu'il est perçu
par l'administration des contributions indirectes.

L'article 248, le dernier de la loi de 1816, était ainsi conçu :

La présente loi sera mise à exécution à dater du jour de sa promulgation et n'aura d'effet que jusqu'au 1er février 1817 excepté en ce qui
concerne les tabacs.

La loi du 25 mars 1817 répondit à cette attente par un art. 79,
s'exprimant en ces termes :

La loi du 28 avril 1816, sur les contributions indirectes, continuera
d'être exécutée avec les modifications ci-après jusqu'au 1er mars 1818.

Et cette clause devint de style dans les lois de budget qui se suc-
cédèrent depuis cette époque. Quant aux modifications introduites
par la loi de 1817, elles se bornent à assimiler l'hydromel au
cidre, tant pour les formalités de la circulation que pour la perception de tous les autres droits, à introduire des changements dans
le tarif des droits de circulation et dans son application, et à soumettre au droit d'entrée les communes de 1,500 âmes. En outre
l'article 126 de cette loi, au mépris des sages paroles prononcées par
le baron Louis à la tribune de la chambre des députés en 1814,
rétablit au profit des employés leur droit au partage du produit
net des amendes et des confiscations encourues dans les cas de
fraude ou de contravention aux formalités prescrites à la circulation. Plus tard, une circulaire intelligente de l'administration est
venue étendre cette disposition lucrative, non pas seulement aux
saisies faites en cours de transport, mais à toutes celles pratiquées
à domicile, faute par le contribuable de justifier de l'entrée régulière de la boisson constatée chez lui, ce qui comprend à peu près
toutes les contraventions possibles en matière de régie. On cher-
cherait en vain dans la loi de 1817 d'autres pensées de réforme.

La loi de 1816 est donc encore aujourd'hui la base de la législation qui régit la perception des droits sur les boissons malgré
les vingt lois et les quatre ordonnances royales qui sont venues
amender ou développer ses dispositions en se modifiant successivement entre elles. Quant aux difficultés de mise en pratique de
cet ensemble de lois, on s'en fera une idée juste si l'on considère
que la jurisprudence et les circulaires administratives sont venues
jeter au milieu de ce chaos leurs interprétations souvent contra-
dictoires. D'où résulte qu'aujourd'hui l'application quotidienne des
lois sur les boissons varie, non pas seulement avec chaque directeur de département ou d'arrondissement, mais presque avec chaque commune et chaque *assujetti*. Le commerce des boissons vit
sous le régime précaire de tolérances administratives dont la régie
ne doit compte à personne : l'un des moyens d'action les plus fu-
nestes à l'essor d'une industrie qui puisse être confié à un pouvoir
public.

Interpellé il y a deux ans à la chambre des députés sur l'accueil
qu'il était disposé à faire à une demande de codification et de révision de leur législation formée par les commerçants en boissons,
M. le ministre des finances répondit que si la loi était obscure il
y avait des avocats pour l'interpréter. C'était avouer le mal sans
indiquer le remède. « De bonnes lois, disait à la même tribune
» M. Dupin le 26 mars 1836, des lois utiles sont celles dont la
» rédaction claire, précise, sans équivoque, ne laisse ni incertitude
» dans le commandement ni hésitation dans l'obéissance. La rédac-
» tion des lois constitue une grande partie de leur force. »

Notre intention n'est point d'analyser ici les modifications législatives dont a été l'objet la loi de 1816. Un pareil travail dépasse-
rait les limites que nous nous sommes tracées. Mais nous ne
saurions, sans laisser incomplet l'historique de cette législation
singulière, omettre de dire quelle fut l'influence exercée sur elle
par les événements de 1830.

Cette influence, rapprochée des autres faits du même genre que
nous avons exposés, est une preuve nouvelle et décisive de l'importance véritablement politique de cette question. Pendant le

cours de la Restauration, les rancunes des commerçants en boissons, abusés en 1816, ne sommeillaient pas, elles se taisaient seulement. A la chute de ce gouvernement elles firent explosion, et la
loi du 17 octobre 1830 vint leur donner une première satisfaction.
L'article 1er de cette loi est conçu en ces termes :

« Pour faciliter la perception de l'impôt sur les boissons, conformément aux lois en vigueur jusqu'à la promulgation de nouvelles dispositions législatives, l'abonnement sera substitué à l'exercice en faveur de
tous ceux des débitants qui en feront la demande. »

« Cette faculté d'abonnement, avait dit M. Pelet, rapporteur de
la commission de la chambre des députés, était accordée par la
loi du 28 avril 1816. Mais ces abonnements *sont tombés en dé-
suétude*. Il entre sans doute dans les vues de l'administration de
les faire revivre en accordant les plus grandes facilités aux débitants qui voudront y avoir recours pendant la durée de l'état tran-
sitoire. »

L'article 2 de la même loi s'exprime ainsi :

« Dans les lieux où les perceptions auront été interrompues, le gouvernement fera appliquer d'office, et pour tous les droits non perçus,
l'abonnement général autorisé par l'article 73 de la loi du 28 avril 1816
pendant toute la durée de l'interruption. »

Deux mois après, la loi du 12 décembre 1830 abaissait le droit
de détail de 15 à 10 pour 100 et supprimait le droit d'entrée pour
toutes les agglomérations de populations inférieures à 4,000 âmes.
Ce n'étaient là que des à-compte, un moyen de faire prendre pa-
tience de façon à ne point compromettre les ressources de l'état
par des mesures précipitées et à laisser à l'administration le temps
d'étudier un système complet et radical de réforme. Mais, la première ferveur passée, l'intérêt qu'inspirait cette question décrut
avec elle, les distractions politiques firent le reste. La loi du 21
avril 1832 fut chargée de tenir les promesses de la session pré-
cédente.

Cette loi, du reste, mérite que nous nous y arrêtions. Conçue le
lendemain d'une révolution populaire, elle ne fait point, comme le

décret et l'ordonnance de 1815, un appel équivoque à la popularité.
Ses principales dispositions sont empreintes d'un libéralisme sin-
cère autant que sage, et il était difficile, conservant les principes
de la répartition et de la perception de 1816, d'apporter plus de
tempéraments à leur application. La preuve en est dans les articles suivants :

« ART. 35. Dans les villes ayant une population agglomérée de 4,000
âmes et au-dessus, et sur le vœu émis par le conseil municipal, les exercices seront supprimés moyennant que les droits de circulation, d'entrée
et de détail sur les vins, cidres, poirés et hydromels, ainsi que celui de
licence des débitants, soient convertis en une taxe unique aux entrées.
La circulation des boissons sera libre dans l'intérieur des villes où ce
mode de remplacement aura été adopté, et le droit de circulation ne
sera plus perçu sur les boissons adressées aux consommateurs qui y
seront domiciliés. Le conseil municipal pourra ne voter que le remplacement des droits de licence, d'entrée et de détail ; dans ce cas, la perception du droit de circulation continuera à être effectuée avec les formalités ordinaires.

» ART. 36. Cette taxe unique sera fixée pour chaque ville et par hectolitre en divisant la somme des produits annuels de tous les droits à
remplacer par la somme des quantités annuellement introduites. Ce
calcul sera établi sur la moyenne des consommations des trois dernières
années. »

Ce ne sont plus là ces abonnements discutés comme le voulait
l'article 74 de la loi de 1816 entre les directeurs de la régie et les
conseils municipaux, et soumis en dernière analyse à l'approbation du ministre des finances sur l'avis du préfet et le rapport du
directeur général des contributions indirectes. Le législateur de
1832 se souvient des paroles prononcées à la chambre des députés
par M. Pelet en septembre 1830. Il veut que cette faculté d'abonnement par la taxe unique soit *désormais une vérité*, que son
exercice ne dépende plus que d'un vote du conseil municipal et
d'une simple opération arithmétique établie sur la moyenne du
produit des trois dernières années.

« Les conseils municipaux, ajoute l'article 37, seront convoqués au
moins un mois avant la mise à exécution de la présente loi à l'effet de

déclarer s'ils veulent jouir du bénéfice de l'article 1er. Pour délibérer sur cette question, le conseil municipal devra s'adjoindre un nombre de marchands en gros et de débitants de boissons les plus imposés à la patente égal à la moitié des membres du conseil. Les femmes se feront représenter par des fondés de pouvoir. »

Ainsi la question devra être portée par l'autorité administrative devant les conseils municipaux, qui seront mis en demeure de se prononcer sur l'adoption de la taxe unique. Cette disposition est assurément l'une des plus essentiellement libérales de la loi avec le second paragraphe de l'article 41, lequel est conçu en ces termes :

« Les débitants qui voudront s'affranchir des exercices pour les eaux-de-vie, esprits ou liqueurs, soit dans les villes où la taxe unique ne sera pas adoptée, soit hors des villes, seront admis, comme les consommateurs, à payer ce même droit à l'arrivée sur la représentation de ces boissons aux employés avant que l'acquit à caution puisse être déchargé. »

Telle était en substance la loi de 1832, la meilleure fortune législative du commerce des boissons depuis les promesses de 1815. Pourquoi faut-il qu'un vote surpris quelques années plus tard à l'inattention des chambres, soit venu retirer au commerce des boissons une partie de ces concessions si sagement octroyées ! et pourquoi la régie, par des pratiques indignes d'une grande administration, s'est-elle attachée à dénaturer l'esprit de celles dont elle n'a pas demandé la réforme à la législature !

La régie des contributions indirectes est la plus impopulaire des administrations fiscales. C'est là une majorité d'antipathies acquise à son histoire. Nous l'avons assez prouvé, mais nous n'en avons pas dit toutes les causes.

Si cette administration, comme ce serait son devoir, allait au-devant des mesures propres à rendre moins onéreuses pour le trésor et les contribuables la forme de ses perceptions, si du moins elle acceptait franchement celles de ces mesures qui sont votées par les chambres, les questions des budgets communaux et départementaux, indépendamment des enseignements qui ressortent des débats parlementaires, ont assez familiarisé l'universalité des citoyens avec le principe de la nécessité de l'impôt, l'éducation politique sur ce point est assez avancée pour que l'on puisse croire que l'impôt des boissons serait accepté avec une soumission spontanée par les assujettis. Mais nous ne savons par quel faux calcul d'amour-propre, par quelle idée erronée de son importance, elle n'a jamais voulu voir d'autre moyen de la soutenir et de l'étendre que de multiplier le nombre de ses agents, d'accroître les rigueurs et les prérogatives de leur surveillance, de combattre partout d'une malveillance systématique les abonnements généraux et individuels qui rachètent les débitants de l'exercice en désintéressant le trésor et pourraient, s'ils se généralisaient par l'exemple, déterminer la suppression d'une partie de son personnel devenu inutile. *Indè iræ,* de là les rancunes populaires, les défiances et les hostilités souvent injustes des contribuables, de là aussi le sentiment de réprobation de celui qui, placé en dehors de l'action de cette administration, en étudie les actes et les tendances.

L'histoire des mutilations subies par la loi du 21 avril 1832 peut nous servir d'exemple.

Nous avons vu que l'article 35 de cette loi autorisait la conversion en une taxe unique aux entrées des droits de circulation, d'entrée, de détail et de licence : « La circulation des boissons sera libre dans l'intérieur des villes où ce mode de remplacement aura été adopté, » disait cet article, puis il ajoutait : « Le conseil municipal pourra ne voter que le remplacement des droits de licence, d'entrée et de détail ; dans ce cas, la perception du droit de circulation continuera à être effectuée avec les formalités ordinaires. »

Mais les conseils municipaux avaient fait peu d'usage de la faculté qui leur était laissée de ne point affranchir leurs communes des formalités à la circulation si contraires à la liberté commerciale et si fécondes en procès-verbaux de saisie, en amendes et en confiscations. Pour y mettre ordre, l'administration introduisit dans le volumineux budget des recettes pour l'exercice 1842 et fit voter avec lui une disposition ainsi conçue (art. 18, loi du 25 juin 1841) :

« A partir de 1842, la taxe unique à l'entrée des villes, dont les conseils municipaux sont autorisés à voter l'établissement par l'artticle 35 de la loi du 21 avril 1832, ne remplacera plus que les droits d'entrée et de détail sur les vins, cidres, poirés et hydromels. La perception du droit de licence des débitants et celle du droit de circulation, ainsi que les formalités à la circulation des boissons de toute espèce, seront maintenues dans lesdites villes comme dans les autres parties du royaume. »

L'article 19 de la même loi s'exprime en ces termes :

« Toute délibération du conseil municipal qui aura pour objet d'établir une taxe unique ne pourra être mise à exécution qu'au 1ᵉʳ janvier, et pourvu qu'elle ait été notifiée à la régie au moins un mois avant cette époque. »

Pourquoi ces délais nouveaux et ces déchéances ? Le vœu émis par le conseil municipal devant suffire pour l'établissement de la taxe unique aux entrées (art. 35, loi de 1832), pourquoi cette nécessité de notifier à la régie *un mois au moins* avant le 1ᵉʳ janvier la délibération du conseil municipal ? Une circulaire ministérielle, en date du 23 octobre 1841, invite les préfets à convoquer, *dans le courant de novembre,* les conseils municipaux dans les communes desquels la taxe unique est déjà en vigueur, pour délibérer sur le maintien de cette taxe ; le ministre réservant à son approbation, sur le rapport de M. le directeur général des contributions indirectes, les délibérations qui auraient pour but l'établissement de la taxe unique. Cette convocation tardive, par les préfets, dans le courant de novembre, lorsque la notification de la délibération doit être faite dans le même mois de novembre, aux termes de la nouvelle loi de 1841, a-t-elle pour but d'amener plus sûrement une déchéance ? Pourquoi les préfets ne doivent-ils pas convoquer aussi les conseils municipaux des communes dans lesquelles la taxe unique pourrait être établie ? Où trouver d'ailleurs, pour le maintien ou l'adoption de la taxe unique par les communes, la nécessité légale d'attendre l'initiative des préfets ? Sur quel texte de loi se fonde enfin le ministre pour réserver à son approbation, sur le rapport du directeur général, les délibérations qui auraient pour objet cet établissement de la taxe unique ?

La malveillance de l'administration se manifeste encore dans l'article suivant de la loi du 15 juin 1841 :

« ART. 20. Le nombre des marchands en gros et des débitants de boissons que les conseils municipaux sont tenus de s'adjoindre en vertu de l'article 27 de la loi du 21 avril 1832 pour délibérer sur l'établissement où le maintien d'une taxe unique devra être égal à la moitié des membres présents du conseil, sans toutefois qu'au moyen de cette adjonction plus du tiers des votants puisse être formé de marchands ou débitants. »

L'article 37 de la loi du 21 avril 1832 s'était borné à dire que le conseil municipal devrait s'adjoindre un nombre de marchands en gros et de débitants les plus imposés, égal à la moitié des membres du conseil. La restriction apportée par l'article 20 de la loi de 1841 est-elle aussi inoffensive qu'elle semble l'être ? Elle cesse de le paraître si l'on rapproche ses termes de ceux de l'article 25 de la loi du 21 mars 1831, sur les conseils municipaux, lequel exige que ces conseils ne puissent délibérer qu'avec l'assistance de la majorité des membres en exercice. Il en résulte que dans les communes, et il y en a beaucoup dans les pays vinicoles, dont le corps municipal se recrute en grande partie parmi les commerçants en vins et en alcool, l'établissement de la taxe unique est devenu impossible.

Restait l'article 41 et la faculté accordée aux débitants d'eaux-de-vie, esprits ou liqueurs de s'affranchir des exercices en payant le droit à l'arrivée *comme les consommateurs*. Ces expressions employées par le législateur assimilaient le domicile des débitants rédimés à celui des particuliers ; elles firent leur bonheur pendant quelques années. Puis l'administration s'en lassa, et appela ces commerçants devant les tribunaux. Là, elle leur dénia le droit de fabriquer des liqueurs dans leurs magasins ; et, cette prohibition une fois admise par la jurisprudence, elle commença à s'introduire chez les débitants rédimés, sous le prétexte de s'assurer s'ils se livraient ou non à la fabrication des liqueurs. Ce pied une fois pris chez eux, il lui en fallut bientôt un autre. Il était essentiel, dit-elle, qu'elle pût visiter les magasins rédimés, et s'assurer par des recensements s'ils ne contenaient pas des quantités supérieures à

celles dont l'entrée avait été constatée par le payement du droit.
C'était l'exercice chez le débitant rédimé, plus le cortége du com-
missaire de police appelé pour rendre hommage au principe posé
par la loi de 1832. Malgré la résistance de quelques cours royales,
la cour de cassation a reconnu par des arrêts récents la légitimité
de ces recensements, et décidé qu'il ne saurait appartenir à l'autorité judiciaire d'en limiter la fréquence.

Ainsi, les droits de circulation et de licence mis en dehors des
franchises résultant de la taxe unique, les délibérations des conseils municipaux entravées ou rendues impossibles, les résultats de
ces délibérations soumis à une notification rigoureuse dont le re-
tard entraîne déchéance, une circulaire qui semble ignorer ou
vouloir méconnaître les termes de la loi pour l'exécution de laquelle
elle est envoyée, le domicile des débitants rédimés de l'exercice
rendu par voie d'interprétation aux investigations et aux recensements des commis, ce sont là de ces petites roueries fiscales que
l'on appelle du zèle en langage de régie, que les contribuables
qui en sont victimes qualifient d'une façon plus sévère, et qui ten-
dent à jeter la déconsidération sur une administration publique.

Tel est encore aujourd'hui l'état des choses. Nous ne sommes
entré dans ces détails, nous le répétons pour nous en excuser,
qu'à titre d'exemples, et nous ne mentionnerions pas, entre mille
entreprises de ce genre, une modification plus récente apportée à
une autre partie de la législation ou plutôt restée à l'état de ten-
tative avortée si cette circonstance ne se rattachait à un ordre de
faits dont il nous reste à parler.

Le projet de loi portant fixation du budget des recettes pour
l'exercice 1845 contenait un article aux termes duquel l'administration était autorisée à prescrire par voie de règlement d'administration publique l'observation de formalités nouvelles à la cir-.
culation des boissons. Ces formalités suivant l'exposé des motifs
présenté par le ministre ne devaient être autre chose que des
visas rendus obligatoires, des marques apposées en cours de transport, etc.

Pour mesurer toute l'étendue du danger dont cette proposition menaçait le commerce des boissons, celui surtout qui fait des expéditions lointaines, le commerce de gros, il faut remarquer que déjà les commissionnaires de transport ne prennent ces marchandises qu'avec répugnance surtout lorsqu'elles ne sont pas en quantité suffisante pour composer à elles seules un chargement. La nécessité de s'arrêter à toute réquisition des employés de la régie, de leur représenter les expéditions et de les mettre en mesure de reconnaître l'identité de la boisson transportée avec celle mentionnée sur l'expédition, la responsabilité qu'ils encourent à raison de ces nécessités de la loi, tout cela explique leur répugnance; mais à quel degré allait-elle être portée si, au lieu d'être accidentels, les visas des commis devenaient obligatoires dans les localités déterminées à l'avance par les employés du bureau de départ, si dans ces localités les conducteurs des boissons devaient provoquer eux-mêmes la visite, attendre au lendemain pour cette opération dans le cas où le chargement surviendrait après l'heure de clôture du bureau de la régie et subordonner ainsi les intérêts de tout le reste du chargement à ceux d'une partie de boissons peut-être peu importante! Et à quel point les difficultés ne se multiplieraient-elles pas si le même chargement renfermait plusieurs parties de boissons ayant diverses destinations échelonnées sur la route et soumises à des visas différents !

A quel prix la circulation des boissons déjà si onéreuse sur le territoire français allait-elle s'effectuer? L'administration, il est vrai, eût tempéré par des tolérances l'application de cette loi, mais est-il moral, est-il prudent de soumettre une grande industrie à de pareilles conditions d'existence? Le commerce des boissons était donc sérieusement menacé. Cependant perdue dans les ampleurs du budget, la proposition resta inaperçue jusqu'à une époque fort rapprochée de celle où elle devait être présentée au vote de la chambre.

Ce fut la banlieue de Paris qui donna l'alarme. Quelques négociants honorables des arrondissements de Sceaux et de Saint-Denis ayant vu le danger se réunirent en toute hâte, se formèrent en comité provisoire, un mémoire fut adressé par eux aux députés;

MM. Garnon et F. de Lasteyrie, les représentants à la chambre des signataires de ce mémoire, se chargèrent avec zèle d'en appuyer les termes : grâces à leurs efforts et malgré l'inopportunité en quelque sorte de la réclamation, le silence de la commission du budget et la promptitude avec laquelle la chambre accomplit chaque année cette partie de ses travaux, un amendement fut apporté à l'article 12 de la loi de 1844, la chambre ordonna que le règlement d'administration publique à faire fût converti en loi dans la session suivante. Cet amendement équivalait à un rejet pur et simple, le règlement n'a jamais été fait, l'administration aurait trop redouté d'appeler la discussion parlementaire sur une partie quelconque de la législation des boissons.

Depuis cette époque, le comité provisoirement constitué pour la défense des droits du commerce des boissons est devenu définitif. Ses relations se sont étendues dans la chambre et les départements et aucune atteinte aux intérêts qu'il est chargé de protéger n'a plus été tentée par la voie législative. Est-ce à l'existence du comité qu'il faut reporter la cause de ce rare silence gardé pendant trois sessions consécutives? Nous n'affirmons rien à cet égard, nous nous contentons d'énoncer un fait.

Son ambition, du reste, ne se borne point à ce résultat négatif. Elle s'élève jusqu'à espérer obtenir du gouvernement et des chambres la réforme de tout ou partie de la législation qui régit la perception des droits sur les boissons et les travaux de ses membres n'ont pas maintenant d'autre but.

Conserver au trésor l'intégrité des revenus que lui rapporte cet impôt, régler plus équitablement sa répartition, régulariser sa perception en anéantissant ou en désintéressant la fraude et en rendant aussi claire, aussi précise qu'elle l'est peu la loi qui règle les rapports des contribuables avec les agents de la régie, tel est le problème dont ils ont recherché, dont ils proposent aujourd'hui la solution.

Cette solution n'est point unique. Plusieurs systèmes ont été présentés et cette diversité n'implique pas contradiction parmi les adversaires de la législation actuelle. Elle tend seulement à prou-

ver à ceux qui la défendent en la qualifiant de mal nécessaire
qu'il peut y avoir à ce mal plusieurs sortes de remèdes.

Nous exposerons d'abord celle des réformes qui, en accomplis-
sant un grand acte de justice, apporterait au service actuel des
contributions indirectes le moins de perturbation et pourrait être
l'objet d'une réalisation plus facile et·plus immédiate.

Le pire des droits perçus par l'administration des contributions
indirectes, le plus contraire à l'équité et aux principes de notre
constitution est le droit de détail. Le plus odieux de tous les
modes de perception et de surveillance pratiqué par la régie est
celui qui a précisément pour objet le recouvrement du droit de
détail : c'est l'exercice.

Mais là ne se bornent point les conséquences fâcheuses de cette
taxe. Elle a le tort plus grave de corrompre le débitant, de le
pousser, de le contraindre presque à la fraude, et voici comment :

Un particulier qui fait venir dans sa cave une pièce de vin n'est
assujetti qu'à un droit de congé ou de circulation d'un centime par
litre. Le débitant devra à la régie sur cette même pièce de vin
11 pour 100 du produit brut de sa vente. Tenté par la différence
des droits ou même cédant aux nécessités de la concurrence commerciale, il fera circuler avec un congé *bourgeois* et introduire
furtivement dans sa cave des vins qui lui serviront, à l'insu de la
régie, à alimenter ses ventes, ou bien il ira s'approvisionner au
fur et à mesure des besoins de son commerce dans la cave de son
voisin, et l'état sera frustré et cinquante fois pour une la surveillance de la régie sera mise en défaut.

Cette administration préférera-t-elle toujours se conserver les
honneurs de l'exercice à domicile plutôt que d'apporter un terme
à ces causes si connues de démoralisation publique et de perte
pour le trésor ?

Le remède est pourtant bien simple. Établissez une taxe unique
ou de consommation sur les vins comme elle existe depuis la loi
du 24 juin 1824 sur les eaux-de-vie, esprits et liqueurs ; faites
que le riche paye autant que le pauvre, et le droit de détail n'existant plus, le débitant n'acquittant plus sur le vin qui entre dans

sa cave que le droit payé sur la même quantité par le bourgeois
son voisin, l'exercice n'a plus sa raison d'être, la fraude que nous
venons de signaler et qui est la lèpre du petit commerce de détail
n'a plus de cause.

Rien de plus équitable assurément qu'une pareille mesure, la
moindre que puissent réclamer les honnêtes gens en faveur de la
classe pauvre qui a supporté seule jusqu'ici l'impôt de détail. Aussi
sert-elle de point de départ à tous les systèmes de réforme. La di-
vergence des opinions ne commence que lorsqu'il s'agit de déterminer le chiffre de la taxe de consommation et l'assiette de la perception.

L'impôt sur les vins et les alcools rapporte, nous l'avons vu,
prêt de 93,000,000 de fr. Si les 50 millions d'hectolitres de vins
auxquels est évaluée par des calculs qui paraissent sérieux la production moyenne de la France pouvaient être atteints par l'impôt,
il suffirait de 2 fr. par hectolitre pour égaler, pour surpasser
même le revenu d'aujourd'hui. Mais dans l'état actuel des choses
et par suite de l'immunité à peu près complète dont jouissent les
habitants des pays viticoles, par suite aussi des autres genres de
fraude qui échappent à la vigilance de la régie, la moitié à peine
de la matière imposable tombe sous la main du fisc. Supposons
que les imperfections de la surveillance à la circulation restent les
mêmes, qu'une égale quantité de vins échappe au droit, ce droit
sur les vins et proportionnellement sur les alcools devrait être porté
à 3 fr. 75 c. ou 4 fr. pour atteindre, sauf à le dépasser, le revenu
actuel. Le consommateur aisé, celui qui fait venir chez lui le vin
en pièce, paye 1 fr. par hectolitre; cette aggravation de charges
ne serait pas de nature à obérer sa fortune.

Ce système est le plus modéré de tous ceux qui se proposent de
remplacer le régime actuel de l'impôt, il substitue au droit de
détail une taxe unique et générale de consommation, il ferme la
porte du débitant à l'exercice de la régie, il maintient dans les
mêmes termes les conditions et les inconvénients de la surveillance
à la circulation; son adoption n'intéresse pas seulement les petits
consommateurs et les débitants mais aussi les marchands en gros,

qui, obligés de se prêter trop souvent aux fraudes que ces derniers commettent en leur faisant prendre des expéditions pour des destinataires chimériques, s'exposent, sans aucun profit personnel, à des saisies de marchandises et à des procès-verbaux.

Mais l'esprit réformateur ne s'est pas arrêté là. Il a poussé plus loin la logique des principes. L'unité de l'impôt est établie en France, a-t-il dit, tous les citoyens doivent y être soumis. Pourquoi les pays viticoles seraient-ils affranchis de payer celui du vin lorsqu'ils ont sur les autres départements l'avantage de n'avoir pas à compter avec les frais de transport? Aux termes des articles 40 et 41 de la loi de 1816 l'inventaire est dressé une fois avant la vendange et une fois après chez les propriétaires récoltants qui habitent des villes ouvertes, où le droit d'entrée ne peut être perçu au moment de l'introduction. Pourquoi ne pas généraliser les dispositions de ces deux articles et ne pas prescrire l'inventaire dans tous les pays qui récoltent du vin, de manière à placer sous le contrôle de l'administration les 50 millions d'hectolitres que produit la France, à n'établir sur toute cette matière sujette au droit qu'une taxe générale minime et à faire cesser le scandale de cette impuissance avouée par la régie qui fait perdre annullement au trésor la moitié de ce qui lui est dû?

L'inventaire fait deux fois par an chez le récoltant, avec l'assistance de conseillers municipaux, ne serait point l'exercice pratiqué quotidiennement chez le débitant et ne doit pas être confondu avec lui. Au recensement de fin d'année, le récoltant n'aurait à justifier que des quantités restant en magasin et de celles régulièrement sorties. Il payerait les droits sur la différence entre les justifications faites et les constatations du dernier inventaire, sauf toute déduction légale pour déchet, coulage, etc. Sous un pareil état de choses, il resterait à choisir entre l'affranchissement complet de la circulation des boissons après payement du droit à la sortie des magasins du récoltant et le maintien de l'acquit à caution à cause des marchands en gros entrepositaires.

Ce système, qui diffère peu de celui de ventôse an XII, est adopté par une autre opinion qui prend aussi pour base l'inventaire chez le récoltant, mais qui demanderait qu'au lieu d'un droit une fois fixé il ne fût imposé sur l'hectolitre qu'un droit variable, déterminé comme une sorte de mercuriale annuelle par le gouvernement sur le rapport des préfets chargés de recueillir et de lui transmettre les résultats des récoltes réalisées. Ce droit serait calculé de façon à assurer au trésor un revenu toujours égal.

Enfin, une autre idée de réforme particulièrement accréditée parmi les négociants de la Gironde tendrait à l'assimilation de la vigne à une sorte d'immeuble enrichissant le sol et soumis à un droit particulier qui pourrait suivre aussi les variations des récoltes et serait perçu par l'administration des contributions directes.

Tous ces systèmes se complètent d'un projet de révision des lois qui régissent la fabrication des liqueurs, lois contraires à la sécurité et au libre essor de cette industrie importante et qui ne sont pas plus absurdes aux yeux de ceux qui les subissent qu'au jugement de l'administration elle-même.

Tels sont en substance, et sauf des modifications de détail, les plans de réforme qui ont été tracés par les commerçants en boissons, discutés, agités par eux. Nous savons en grande partie les critiques qui peuvent en être faites; nous les examinerions si ce travail n'excédait les bornes de cet article; elles sont moins graves, du reste, que celles qui peuvent être adressées à l'ordre de choses et de législation actuel. Peut-être n'y a-t-il entre la moins exigeante de ces réformes et la plus radicale de différence profonde qu'une question d'opportunité.

Quoi qu'il en soit, les commerçants en boissons qui ont pris le comité pour organe n'ont pas la prétention de se présenter au gouvernement et au pouvoir législatif avec un projet de loi tout élaboré; ils savent qu'il ne s'agit point ici seulement d'un grand intérêt agricole et commercial, qu'il s'agit aussi de l'un des revenus les plus importants du trésor public, et que la question demande un examen contradictoire. Aussi la pétition présentée cette année à la chambre des députés et qui doit être rapportée dans l'une de ses prochaines séances se borne-t-elle à demander la nomination d'une commission à laquelle puissent être appelés quelques représentants du commerce des boissons et qui s'occupe concurremment avec eux d'un travail de révision et de réforme de la législation. Déjà dix ou douze fois depuis 1830 la chambre a accueilli avec faveur des réclamations plus vives élevées jusqu'à elle par des pétitionnaires. Espérons que cette fois la modestie du vœu ralliera à la fois les sympathies des députés et l'adhésion complète des membres du gouvernement.

Quant à nous, ce que nous désirons avoir démontré c'est que tous les hommes aimant l'ordre et la morale publique doivent le tribut de leur sympathie et de leur concours aux efforts tentés par une industrie que la fiscalité moderne aurait étouffée si elle n'avait eu affaire aux richesses uniques de notre sol et aux ressources de vitalité d'un commerce qui compte déjà vingt siècles d'existence historique.

Ces efforts seront couronnés de succès le jour où tous les commerçants honnêtes se seront unis dans une pensée commune de résistance à la fraude faite au préjudice de l'état et à l'arbitraire exercé en son nom. Mais il faut qu'une partie d'entre eux se désabuse d'une vieille erreur fardée de mots nouveaux que des faiseurs de théories propagent encore parmi eux, et qui tend à leur faire croire que la prospérité du commerce des vins est subordonnée à l'entrée en France des produits fabriqués par les industries étrangères. Qu'ils sachent bien que le premier de tous les marchés pour eux est le marché français, qui leur est encore fermé sur bien des points; que les premiers consommateurs sont les ouvriers de France, que leurs ennemis sont les octrois à l'entrée des villes et partout l'obstacle apporté à la vente et à la circulation des boissons. L'étude de la question de l'union douanière de la France avec la Belgique avait déjà fourni quelques enseignements dans ce sens. Une nouvelle leçon vient de nous arriver d'Angleterre.

Dans la séance du 14 mai dernier le docteur Bowring présentait à la chambre des communes une motion tendant à la réduction des droits sur les vins étrangers et notamment sur ceux de France. Le chancelier de l'échiquier monta à la tribune pour dire que les diminutions de tarif sur les vins français tentées à plusieurs reprises, loin d'avoir accru la consommation l'avaient plutôt diminuée, et qu'il n'en était résulté pour le trésor qu'une perte sèche. La proposition de M. Bowring fut rejetée et d'autres orateurs vinrent après lui réclamer la diminution des droits sur la drèche à l'intérieur comme étant beaucoup plus conforme aux intérêts des consommateurs anglais.

Les utopistes dont nous parlions tout à l'heure ne tiennent pas compte de pareils exemples ; ils ne comprennent pas qu'à l'étranger nos vins ne seront jamais qu'un objet de luxe, et que notre population leur offre des débouchés auxquels ne suffirait pas la fécondité actuelle de la France s'ils étaient tous ouverts à ses produits par une législation intelligente. Ils enseignent au commerce des boissons à laisser la proie pour courir après l'ombre.

www.ingramcontent.com/pod-product-compliance
Ingram Content Group UK Ltd.
Pitfield, Milton Keynes, MK11 3LW, UK
UKHW020042080726
13614UKWH00004B/1901